Alexandre Thomas

L'Émigration et la démocratie polonaises

Essai

ISBN : 978-1984175199

10 9 8 7 6 5 4 3 2 1

Alexandre Thomas

L'Émigration et la démocratie polonaises

Essai

Table de Matières

L'Émigration et la démocratie polonaises

Après l'explosion manquée de 1846, les provinces polonaises de l'Autriche et de la Prusse ne reprirent pas tout de suite leur immobilité silencieuse ; il y eut en elles une sorte de convulsion et comme un soubresaut de douleur qui parut un instant les jeter aux bras de la Russie. C'était un mouvement sans profondeur, mais violent et bruyant. Les massacres de la Gallicie avaient exaspéré tout ce qui survivait ; on se sentait à Posen plus dégoûté, plus froissé que jamais par les sourdes tracasseries du régime prussien. Des têtes égarées voulurent en finir par quelque brusque et vaste vengeance. Il ne fut plus question que d'offrir la Pologne en holocauste aux Russes pour faire pièce aux Allemands.

Un seigneur gallicien écrivait alors au prince de Metternich l'étrange provocation dont nous avons nous-même ici parlé : « Le massacre de nos frères, disait-il, sera transmis de génération en génération par nos récits domestiques, par les chants de nos bardes, et, jointe aux souvenirs de tant d'autres cruautés autrichiennes, cette tradition roulera comme un tonnerre parmi les nations slaves. Imaginez-vous donc que la Providence ne fera point surgir celui qui s'emparera de toutes ces haines, de toutes ces malédictions, et qui, attelant à son char ces furies éternelles, les lancera contre vous sur la route du destin ? Les pas du vengeur sont-ils si loin du seuil de votre porte ? Est-il si loin de nous celui à qui il sera donné de réunir les membres épars des populations slaves, immenses matériaux d'une construction nouvelle ? » Et ce redoutable architecte dont on prétendait habiter et remplir l'édifice, on le nommait sans honte et sans ambage ; on aspirait fièrement à l'honneur d'être sujet moscovite, « parce qu'un Romanoff était trop bon gentilhomme pour laisser, même parmi ses ennemis, assommer ses semblables. »

A Posen, cette soudaine conversion n'était ni moins bizarre, ni moins éclatante. Ce fut pour l'appliquer aux Posnaniens qu'on inventa le mot de *russomanes*. Un Polonais du grand-duché, qui eût fait office de bon patriote s'il n'avait encore été meilleur Prussien, M. Eugène de Breza, combattit de front cette manie déplorable dans un pamphlet aussi curieux qu'énergique. « Les mêmes gens, racontait-il, les mêmes qui, il a six mois, criaient au Néron et maudissaient la Russie, qui niaient obstinément la communauté d'origine des Russes et des Polonais, qui prouvaient savamment que chez les Russes l'élément mongol avait détruit le type slave, ces gens-là s'extasient aujourd'hui au seul nom de l'autocrate du Nord ; ils boivent à sa santé dans les verres qu'ils vidaient naguère à sa fin prochaine ; ils s'attendrissent sur la fraternité des races slaves ; ils prônent la fermeté virile du régime tsarien, qui traite les maladies politiques par la glace et tranche dans le vif. »

Une aberration si choquante ne pouvait pas durer. Il suffisait de quitter Lemberg ou Posen pour Varsovie ou pour Vilna, il suffisait de regarder vers la Pologne russe pour n'avoir plus l'envie de lui ressembler. Tant que les *russomanes* se cachaient derrière la grande théorie de l'unité slave, ils séduisaient encore par l'appât de ce beau rêve ; ils auraient enveloppé tout le monde avec eux dans ces nuages menaçants d'où ils allaient tirer une Jérusalem nouvelle qui régnerait un jour sur la vieille Europe ; mais, aussitôt qu'ils prononçaient le nom russe, le charme était rompu. Quelque penchant qu'on eût « pour ces limbes mystérieuses et redoutables du panslavisme, » il y avait de quoi reculer quand on découvrait le colosse moscovite assis dans leurs ténèbres comme le Satan de Dante au fond des cercles de l'enfer. Tous les intérêts, tous les instincts, se soulevaient d'horreur. Le gros des propriétaires posnaniens, la lente et lourde armée des indifférents et des neutres, qui se traîne ordinairement à la remorque de la jeune Pologne, regimba contre cette autre espèce d'agitateurs ; le plus vulgaire bon sens se révoltait chez les plus mous. Puis, exhorter le paysan à devenir russe, c'était lui demander s'il serait aise qu'on l'enrôlât pour le Caucase, comme son voisin de la Mazovie. Enfin tout ce parti qui a voulu s'appeler la *démocratie* dans le pays des gentilshommes, cet héroïque parti toujours debout, même après le désastre de sa conspiration avortée, s'attaqua passionnément à la *russomanie*. Il la dénonça comme un crime de lèse-nation, et mit le crime à la charge des aristocrates. C'est contre la *Lettre du Gentilhomme gallicien* que Louis Mieroslawski a lancé de sa prison ce fougueux réquisitoire publié tout récemment par les presses de Leipzig ; c'est contre l'aristocratie qu'il retourne ce trait empoisonné, que l'aristocratie aurait, à l'en croire, dirigé de ses propres mains contre la patrie polonaise. « Pour chercher, s'écrie-t-il, un pacte d'alliance entre la Pologne et la Russie, pour le déchiffrer dans l'apparition des Tcherkesses et des Cosaques à Cracovie, le yatagan au poing et le rire du diable sur les lèvres, il fallait une aristocratie bannie de la cité nationale, incapable de mourir avec dignité ou de vivre avec esprit. »

La *russomanie* a donc échoué, tout au moins jusqu'à présent, soit en Gallicie, soit à Posen : elle a échoué devant la répulsion des masses, devant la répulsion plus vive encore du parti qui apporte le plus d'audace dans son patriotisme. Ce délire passé, comme passe le délire d'une fièvre, les esprits sont retombés sur eux-mêmes, et, face à face avec la situation, ils ont été saisis non plus d'angoisse, non plus de colère, mais d'une mortelle tristesse qui les a détendus.

Ce serait aujourd'hui là, dit-on, un autre mal à guérir, un accès de faiblesse qui, si l'on ne s'en tirait, aurait bientôt relâché toutes les fibres nationales. Déjà presque on s'abandonnerait à la tutelle de l'étranger, tant on s'exagère sa propre impuissance, et l'on aurait un tel besoin de repos qu'on tâcherait même de ne plus se souvenir. Cette langueur a particulièrement gagné la Gallicie. Le contre-coup des massacres se sent encore dans la malheureuse province ; l'ordre social étant si rudement ébranlé, qu'il faut s'occuper avant tout de le rétablir, la noblesse polonaise est bien obligée de s'entendre avec la bureaucratie autrichienne pour s'employer utilement. Le dommage serait que, dans ce compromis trop nécessaire, elle eût plus que de raison sacrifié l'avenir et se fût livrée sans réserve. Quant aux Polonais de Posen, ils semblent tristement déconcertés par le rôle trop médiocre auquel la plupart de leurs compatriotes se sont résignés devant la haute cour de Berlin. Ce gigantesque procès pouvait être une glorification vivante de leur nationalité, si tous avaient compris l'exemple de leurs chefs ; mais, pendant que Mieroslawski, Liebelt et quelques autres confessaient avec éclat leur foi patriotique, l'immense majorité des accusés se renfermait dans un système de dénégations puériles et rétractait ses premiers aveux en alléguant des prétextes d'écolier. La grandeur de la cause s'est ainsi trouvée diminuée par la petitesse de la défense, et, à la suite de ces débats monotones, il n'est guère demeuré, dans le pays qu'ils intéressaient le plus, qu'une impression pénible et mauvaise, de la fatigue en place d'enthousiasme.

Au milieu de cette lassitude, à mesure que la procédure publique déroulait l'histoire de cette insurrection méditée si longuement et si vainement essayée, beaucoup ont fini par douter de la vertu qu'auraient jamais leurs efforts ; beaucoup se découragent. La pire désolation qui puisse frapper leur patrie, ce serait pourtant celle-là ; les peuples ne tiennent pas plus que les individus contre le découragement. Dans cette guerre sans fin de la vie, le jour où l'on est vaincu, ce n'est pas le jour où l'on tombe sanglant sur l'arène, ce n'est pas le jour où l'on en sort pour panser sa blessure ; c'est le jour où l'on désespère d'y rentrer, ce sombre jour où l'esprit languissant, le cœur affadi, le corps énervé, ne savent plus obéir aux aiguillons émoussés de la volonté mourante. Homme ou peuple, on périt alors sans remède, si l'on ne se ressaisit point soi-même par un dernier élan de sa conscience. Il faut le dire le plus haut que nous pourrons, la Pologne trouvera bien encore en elle toute la force dont elle a besoin pour cet élan suprême. Ce n'est point ici le langage d'un consolateur banal, c'est l'expression sérieuse d'une conviction profonde.

Je veux raconter les faits où j'ai puisé, pour ma part, cette conviction dont je suis plein ; c'est en les rassemblant qu'elle m'est venue. L'histoire que j'y cherchais, je l'avouerai, c'était l'histoire d'une agonie ; à chaque pas, j'y ai rencontré les promesses d'une résurrection. J'imaginais en commençant qu'il n'y avait plus là qu'à recueillir les saintes reliques d'une nationalité expirante ; je me suis bientôt aperçu que tout cela vivait. Si laborieuse que cette vie soit toujours, elle est d'autant plus intense qu'elle est plus concentrée. Pour la ranimer, pour la prolonger, pour la répandre dans toutes les veines du corps social, pour restaurer ainsi ce grand corps mutilé pendant des siècles, il en doit coûter plus d'efforts que nous ne pourrions seulement le supposer au sein de cette existence facile dont notre civilisation nous gratifie. Ces efforts ne seront pas toujours malheureux. Je choisis exprès ce moment de défaillance que la Pologne semble aujourd'hui traverser pour dire tout ce qu'elle a d'énergie vitale. Si, parmi ces cœurs trop abattus, il en était un seul qui goutât quelque soulagement à voir cette patrie, dont il désespère trop vite, inspirer encore au loin une si ferme confiance, ce ne seraient point ici des pages perdues.

On sait ce qu'a duré le soulèvement polonais de 1846 et le peu qu'il en a coûté aux Allemands pour le réprimer ; on ne sait pas combien était grande la force qui s'est elle-même paralysée devant eux en s'employant mal. La justice prussienne a réuni dans l'acte d'accusation qu'elle a publié tous les détails qui se rapportaient le plus immédiatement à l'exécution du complot de Posen ; elle ne pouvait donner une idée du long travail dont ce complot n'était qu'un accident. Il ne faut pas juger de l'avenir de la Pologne par le mauvais succès d'un mouvement prématuré ; il faut en juger par l'énergique patience qui a enfanté les principes au nom desquels ce mouvement lui-même s'est produit. Là vraiment est la révolution, et bien plus sûre, bien plus féconde que ne l'aurait faite une victoire gagnée sans le concours de ces principes, dont nulle puissance n'empêchera l'avènement.

L'insurrection de 1830 n'avait qu'un cri : le rétablissement de l'indépendance nationale ; c'était vouloir la fin sans aviser aux moyens. L'insurrection de 1846, en même temps qu'elle déclarait la guerre à l'étranger, promettait au peuple affranchi l'égalité des droits et la réforme de la propriété. C'était beaucoup oser à la fois, et cette audace paraîtrait insensée si l'on était réduit, pour l'expliquer, aux imputations calomnieuses de l'Autriche ou aux manifestations incohérentes des dictateurs de Cracovie. Elle était pourtant la simple conséquence d'une propagande de quinze ans qui avait fini par convertir ou par soumettre à sa plus essentielle doctrine toutes les fractions de la Pologne émigrée, et qui, dans le pays même, tenait la haute main sur toute l'agitation. Le tort de cette propagande, un tort qui lui vint des circonstances plus encore que de sa volonté, ce fut d'avoir précipité les événements sans compter avec l'état des esprits, d'avoir devancé le temps, d'avoir inscrit sur son drapeau, le jour où elle prit les armes, une devise de fraternité trop sublime pour l'intelligence attardée de ceux qu'elle appelait à sa suite. C'est justement comme cela que périssent les martyrs ; mais c'est aussi comme cela que les idées se fondent il n'y a plus personne en Pologne qui puisse désormais inventer de restaurer la patrie sans en émanciper tous les enfants. Les paysans de Posen ont abandonné ou livré leurs seigneurs, les paysans de la Gallicie les ont égorgés, et de la folie de ces bourreaux, du sacrifice de ces victimes, il est découlé pour la Pologne entière une leçon plus éclatante que si toute l'éloquence du monde l'avait mise en paroles : c'est qu'il faut faire des citoyens avec les paysans.

On n'en était guère à de pareilles pensées en 1830, et, quand on mesure tout le chemin que les défenseurs de la nationalité polonaise ont depuis lors parcouru dans leurs doctrines, il est impossible de ne pas rendre hommage aux pionniers généreux qui ont frayé la route. Cet hommage appartient d'abord et par excellence à la *Société démocratique*. Je ne dissimulerai ni les excès ni les erreurs qui ont gâté sa conduite ; mais, malgré les unes et malgré les autres, il est évident que la Pologne lui doit l'impulsion la plus efficace qui ait encore contribué au développement de son avenir. Les faits sont là pour en témoigner, des faits peu connus dont il est maintenant permis de révéler l'histoire.

Qu'on se reporte seulement dans la Pologne de 1830, qu'on se rappelle la situation morale du pays, soit à la veille, soit au lendemain de la révolution : il deviendra plus facile de saisir la situation présente, parce qu'on aura la conscience plus claire du grand changement qui s'est accompli. En 1830, on comptait deux partis à Varsovie, deux partis encore intérieurement subdivisés, mais sans qu'aucune de leurs branches eût pris ce nom de *démocratie* qui devait plus tard apparaître sur la terre d'exil. Il y avait le parti du mouvement et le parti stationnaire, le premier recruté surtout dans les rangs de la petite noblesse, l'autre formé par la noblesse supérieure. Le premier, nourri dans les écoles militaires de Varsovie et dans l'université de Vilna, sympathisait d'autant plus volontiers avec le paysan et le bourgeois, qu'il vivait en défiance perpétuelle des hauts seigneurs, des *pany*. Ces sympathies néanmoins ne se précisaient point assez pour aboutir à quelque résultat pratique et fortifier réellement ceux qui les ressentaient. On protestait à Vilna contre les tendances brutales de l'oppression moscovite en s'adonnant avec ardeur aux études libérales, en s'appropriant les œuvres de la science allemande. Goluchowski enseignait la philosophie de Fichte et de Schelling, Lelewel initiait ses élèves aux recherches de Niebuhr et de Heeren, Mickiewicz s'inspirait alors de Schiller et de Goethe. Ces nobles travaux servaient sans doute à relever les âmes, mais il s'en fallait qu'ils assurassent un but positif à leur activité ; aussi, des deux groupes qui constituaient le parti du mouvement, pas un n'était prêt pour aborder sérieusement l'œuvre publique de la régénération. Les *nationaux* n'avaient autre chose en tête que de chasser le tsar, et, comme on disait, de balayer le pays, sans plus s'inquiéter de ce qui suivrait. Les *républicains* endossèrent ce nom-là parce que les Russes le détestaient ; mais ils n'étaient fixés sur aucune forme de république tout leur républicanisme était proprement le désir qu'ils avaient d'abolir le servage et de généraliser l'insurrection au lieu de la renfermer dans les limites de la Pologne de 1815. Hors ce double point, il ne restait plus chez eux que du vague, et ce vague de leurs idées, encore aggravé par le caractère irrésolu de Lelewel, qui les commandait, fit tomber le pouvoir de leurs mains dans la nuit même où ils l'avaient conquis à l'assaut du Belvédère.

Le pouvoir échut aux différentes nuances du parti stationnaire : ce n'était pas celui-là qui était capable de rendre à la nationalité polonaise cette large base qui lui manquait, d'associer le peuple entier dans un même effort en réparant des iniquités séculaires, de sauver enfin la patrie en multipliant les citoyens. Parmi les *stationnaires* venaient d'abord les ultras de l'aristocratie, qui prétendaient garder sur leurs paysans tous les droits d'autrefois, et sacrifiaient sans scrupule les plus glorieuses espérances à leur aveugle cupidité de propriétaires. Venaient ensuite les généraux, ceux qu'on appela les *prétoriens*, des officiers de l'école impériale qui n'avaient pas de foi dans la vertu des élans populaires, qui comptaient pour rien des soldats sans uniforme, et ne voulaient point par conséquent porter la guerre en dehors du royaume de Pologne, parce qu'en en sortant, ils n'auraient plus trouvé d'armée de ligne à commander. Enfin les *constitutionnels* admettaient bien l'affranchissement des serfs, mais à la condition qu'on y procédât en détail, avec des mesures successives, et, d'autre part, trop scrupuleux observateurs d'une légalité qu'il était alors moins périlleux de violer que de maintenir, ils voulaient limiter l'insurrection aux sept provinces qualifiées de royaume dans le congrès de Vienne ; ils voulaient se couvrir du nom de Nicolas roi de Pologne pour combattre Nicolas empereur de Russie.

Ni le parti stationnaire ni le parti du mouvement ne pensaient donc alors à commencer la révolution politique par une révolution sociale ; ni l'un ni l'autre ne dépassaient guère la constitution du 3 mai 1791, et, si des deux côtés les plus éclairés voulaient, soit progressivement, soit en un coup, supprimer le servage, il n'en était point qui, poussant plus loin cet essai de réforme, en fissent la base même d'un système entier d'émancipation nationale. C'était dans l'exil que les esprits devaient s'ouvrir, embrasser une idée plus large de la patrie, et mieux comprendre le vrai rôle des patriotes.

L'émigration a toujours été pour la Pologne un apprentissage salutaire. Les premiers Polonais qui émigrèrent en accompagnant Stanislas Leckzinski se façonnèrent, chez nous, à ces idées de monarchie régulière qui se produisirent un instant chez eux dans la constitution du 3 mai. Ceux qui, après la chute de Kosciuzko, vinrent grossir les armées de la république française, sous les ordres de Dombrowski, furent formés en même temps par cette héroïque discipline et à l'habitude de la victoire et au sentiment de la fraternité. Le nom de *frère (bracca)*, dont les gentilshommes n'usaient jusque-là qu'entre eux, s'appliqua désormais à quiconque portait les armes. Mettant tout son espoir dans cette éducation guerrière qui s'accomplissait sur les champs de bataille d'Italie, la Pologne chanta longtemps l'hymne des légions : « Marche, Dombrowski, marche de l'Italie sur la Pologne ! Bonaparte doit nous apprendre à vaincre. » L'émigration de 1831 était destinée à répandre sur le sol national des semences bien autrement fécondes : la précipitation désolante avec laquelle on a tenté de moissonner avant l'heure n'empêchera pas ces germes impérissables de mûrir en leur saison. L'émigration de 1831 aura réellement inauguré les principes nouveaux des sociétés modernes au plus profond de la vieille Pologne féodale.

Cette direction, qui allait être si puissante, ne marqua cependant pas tout de suite. Les partis gardèrent d'abord dans l'exil les tendances trop étroites et trop diverses qui avaient déchiré la Pologne renaissante : ils restèrent à Paris ce qu'ils avaient été sur la Vistule. Les gens du mouvement, *nationaux* et *républicains*, se liaient avec la *jeune Allemagne*, avec la *jeune Italie*, avec la *jeune Europe*, dépêchaient des émissaires, et, disant toujours qu'ils se tenaient prêts, attendaient toujours pour savoir à quoi. Les *prétoriens*, le général Rybinski à leur tête, méditaient sans cesse quelque coup de main pour sauver l'honneur de leurs armes. Les purs *aristocrates* ramassaient tout l'argent qu'ils pouvaient, afin de tenir leur rang dans le monde, et, se donnant comme la seule partie saine de la nation, ils passaient le temps à déplorer la folie des jacobins, qui avaient déconcerté leurs plus sages projets. Les *constitutionnels* persistaient encore à faire de la diplomatie.

Chacun suivait ainsi sa route. Le prince Adam Czartoryski, dont la vie avait été remplie par toutes les grandes affaires de l'Europe, dont la longue expérience, dont l'admirable honnêteté attiraient naturellement le respect de la jeune génération des hommes d'état, le prince Czartoryski ne pouvait croire qu'il ne rendît point à son pays les services les plus efficaces rien qu'en négociant avec les cabinets. Et, de fait, il est sorti de cette politique infatigable une idée neuve et sérieuse, la création d'un panslavisme polonais libéral et humain qui paralysât, chez les Slaves du midi, les manœuvres incessantes du panslavisme barbare des Russes. C'était là certainement une voie vers la délivrance, mais c'était aussi s'acheminer de bien loin. Le vertueux patriote qui avait toujours dirigé le parti contraire au prince Adam n'était pas non plus lui-même un homme d'action immédiate et spontanée. Joachim Lelewel a servi grandement la cause de la nationalité. Sorti de souche rustique, il a toujours gardé une véritable tendresse pour le paysan ; professeur à Vilna, il enflammait la jeunesse par des leçons dont Mickiewicz l'a si magnifiquement remercié dans ses vers ; historien enfin, il a vengé la Pologne des dénigrements de la science allemande, et réclamé pour son pays, dans l'ordre des nations et des destinées humaines, une place plus honorable que celle qu'on lui voulait laisser. Malheureusement, avec tous ces mérites, Lelewel n'a jamais eu le don qui fait les hommes publics, le don d'agir. Il ne l'avait pas plus dans l'émigration qu'il ne l'avait eu sur le terrain révolutionnaire. Stoïcien indomptable, Lelewel vit encore à Bruxelles, blanchi par l'âge et tout courbé, pauvre et portant la blouse, refusant les subsides du gouvernement belge, et gagnant son pain à donner des leçons ; mais cette fière vertu, qui honore son caractère privé, ne hâtait point d'un jour l'affranchissement de sa patrie. Il adressait des proclamations à la France, à l'Italie, à la Hongrie, à l'Allemagne ; il fondait des clubs ; il étudiait la numismatique du moyen-âge : les maîtres de la Pologne auraient dormi plus tranquilles s'ils n'avaient jamais eu affaire à d'autres ennemis.

Il en vint un enfin dont la pensée, plus vaste et plus hardie, devait imprimer un mouvement régénérateur à toute la propagande polonaise et donner le secret d'atteindre au cœur la mère patrie. Maurice Mochnacki publia *l'Histoire de la révolution de Pologne*.

Ce livre contenait toute la substance des principes dont la *Société démocratique* s'est armée.

La vie de Maurice Mochnacki avait été une vie de dévouement. Divisés par la fureur des factions, adversaires souvent acharnés, les champions de la liberté polonaise se sont tous pourtant ressemblés par un trait commun : ils ont eu tous au fond de l'âme un même amour pour leur pays, ils ont aimé leur pays plus qu'eux-mêmes, et l'on n'assiste point sans émotion au noble spectacle de ces existences généreuses. Né en Gallicie, Maurice Mochnacki avait gémi de bonne heure sur l'oppression des paysans. Il était initié aux sociétés secrètes de Varsovie ; emprisonné comme suspect, condamné à bêcher avec les forçats le jardin de ce Belvédère qu'il devait enlever en 1830 à la tête de l'insurrection, battu et torturé sans qu'on pût lui arracher un mot, Mochnacki voulut cependant à la fin reconquérir la liberté. L'oppression conduit nécessairement les opprimés à se faire, vis-à-vis de leurs tyrans, une autre morale que la morale ordinaire. Sous le coup de persécutions effroyables, le mensonge et l'hypocrisie sont devenus plus d'une fois les ressources avec lesquelles le patriotisme a trompé la rage stupide des bourreaux. Mochnacki joua le repentir et même la trahison ; il écrivit pour ses geôliers un mémoire hostile à la Pologne. A peine sorti du cachot, il donnait le signal de l'insurrection dans la nuit du 29 novembre. Républicain tout ensemble énergique et modéré, inquiet de la direction que les aristocrates avaient prise, plus inquiet encore des menaces de l'anarchie, il s'efforça dès l'abord d'engager la révolution dans une arène assez vaste pour qu'elle y pût en quelque sorte d'elle-même dominer le désordre et pousser son gouvernement. Il voulait que l'autorité publique ne restât pas exclusivement aux mains des magnats, que l'on abolît le servage, que l'on donnât des terres aux paysans, que l'on soulevât les masses et qu'on allât insurger toute la Pologne russe : c'était là le programme quotidien du journal qu'il publiait. Dénoncé par ses ennemis comme un espion russe, lorsqu'on eut trouvé dans les papiers du grand-duc Constantin le mémoire écrit pendant sa captivité, Mochnacki tira des soupçons populaires une vengeance héroïque. Il quitta la plume pour l'épée, et, refusant le brevet d'officier, il alla se battre comme simple soldat dans les champs de Grochow, de Wawer et d'Ostrolenka. Couvert de blessures, rapporté mourant à

Varsovie, il travaillait encore sur son lit de douleur à guider par ses conseils les derniers moments de la révolution. Quand Varsovie tomba, il prit le chemin de l'exil, et ce fut là qu'il publia ce livre dont la nouveauté produisit un effet si puissant sur l'émigration. Il ne l'avait point encore terminé lorsqu'il finit à Auxerre, en 1834, une vie cruellement éprouvée.

L'ouvrage de Mochnacki reposait sur une pensée fondamentale qu'il entourait le premier d'une si éclatante lumière. — D'autres nations, disait-il, peuvent chercher et trouver leur salut dans des changements politiques ; ce ne serait point assez pour sauver la Pologne, parce que le mal de la Pologne est un mal social. Il ne faut imputer nos désastres ni à un parti quelconque, ni à une forme quelconque de gouvernement ; ils découlent de la société même telle qu'elle est constituée avec une noblesse investie de tout et des paysans déshérités de tout. Nous n'avons pas le droit de nous rien reprocher les uns aux autres ; il n'est personne parmi nous qui ait su bien vouloir ou bien voir. Les *républicains* eux-mêmes se jetaient dans une impasse en affranchissant les serfs sans leur octroyer la propriété ; il n'y a qu'une manière de faire des paysans libres, c'est de faire des paysans propriétaires, et non point des prolétaires misérables. Tous les partis doivent donc avouer leurs erreurs et mettre en commun pour l'avenir l'expérience du passé. Ils doivent affirmer en principe que la révolution échouera toujours sur le sol de la Pologne tant que son mobile le plus clair ne sera point l'intérêt des classes opprimées ; ils doivent tenir pour des insensés, pour des criminels, ceux qui tenteraient rien avant que ce principe fût devenu la chair et le sang du peuple entier ; ils doivent par conséquent prêcher d'urgence, non pas seulement les devoirs généraux de tous les patriotes envers la patrie, mais surtout les devoirs particuliers des propriétaires envers les paysans.

Mochnacki plaçait ainsi la question nationale sur un terrain où en aucun temps les défenseurs de la nationalité polonaise ne l'avaient encore portée. Le progrès social avait été jusqu'ici subordonné à la conquête de l'indépendance politique ; Mochnacki subordonnait, au contraire, l'affranchissement de l'état à la réformation de la société. Selon lui, et selon la vérité, l'état polonais avait disparu du nombre des états modernes, parce que la société polonaise était restée trop en dehors des lois auxquelles obéissent désormais toutes les sociétés. La Pologne ne reviendrait donc à son rang parmi les nations qu'après s'être rajeunie et comme retrempée dans la pratique bienfaisante du régime qu'elles ont toutes accepté. Telle étant la règle nouvelle assignée dorénavant à la propagande révolutionnaire, celle-ci dut d'abord se régénérer pour entamer à nouveau la régénération de la patrie. La *Société démocratique* se voua, dès son origine, au service de cette grande conception. Qu'elle ait souvent, à force de violence, dépassé le but marqué par Mochnacki, qu'elle ait attaché une prédilection trop exclusive au nom trompeur et dangereux de république, qu'elle ait négligé dans l'entraînement des théories l'exacte mesure du possible, c'est justice de lui faire tous ces reproches ; mais en voyant la constance avec laquelle, pendant quinze ans, elle a propagé sans relâche l'idée-mère d'où elle émane ; en comptant les sacrifices qu'elle s'impose, les soldats, les héros qu'elle fournit à sa cause ; en retrouvant jusque dans l'esprit de ses plus obstinés adversaires l'influence de ses exemples et la trace certaine de son autorité, on ne saurait se refuser à croire que la révolution sociale ne s'accomplisse un jour ou l'autre sur cette terre où tant d'efforts l'appellent ; on ne saurait admettre que ce pays lui-même soit un pays condamné, quand il possède encore des fils si admirables ; on ne saurait s'empêcher de redire, avec l'hymne des légions de Dombrowski : Non, la Pologne n'est pas perdue !

Fondée à Paris le 17 mars 1832, la *Société démocratique polonaise* obéit à un comité de centralisation qui a été successivement transféré de Paris à Poitiers, et de Poitiers à Versailles. L'acte d'accusation élaboré par la justice prussienne représente très fidèlement le mécanisme organique de cette société formidable ; il la suit dans les différentes phases de son histoire depuis 1832 jusqu'à l'époque' où éclata le complot de Posen. Ce qui convient le mieux ici, c'est de donner un aperçu des doctrines qu'elle a dès l'abord inaugurées.

Régulièrement systématisées par le comité de centralisation, ces doctrines se résumaient en trois points capitaux qui étaient comme autant d'articles de foi gravés dans le cœur des *démocrates* : liberté pour tous et possibilité pour tous de réaliser la liberté ; — pour tous, égalité des devoirs et des droits ; — participation de tous les Polonais à la délivrance de la patrie commune. Le moyen d'arriver à la liberté, c'était d'abolir le servage et de donner aux paysans affranchis une part suffisante dans la propriété du sol. Le moyen d'introduire l'égalité, c'était d'établir une république sur le modèle américain. Le moyen d'intéresser tous les Polonais à la guerre de délivrance, c'était de proclamer la restauration de la Pologne dans ses frontières de 1772.

De ces trois points, le premier était évidemment le seul qui constituât la nouvelle base révolutionnaire, le seul qui n'eût contre lui, quant au principe, que les préjugés ou les passions égoïstes, le seul sur lequel la propagande pût arriver immédiatement à une action efficace. Ce point-là gagné dans les esprits, il s'opérait en Pologne une rénovation morale dont l'importance effaçait toute celle que pourraient jamais avoir les remaniements de territoire ou les changements politiques. Qu'il y eût une Pologne républicaine ou monarchique, une Pologne de quatre, de douze ou de vingt millions d'âmes, le résultat n'était ni aussi grand ni aussi durable que s'il y avait, en quelques limites et sous quelque forme que ce fût, une Pologne peuplée de paysans propriétaires, de paysans citoyens. Là vraiment s'asseyait la démocratie sur une terre enfin cultivée par des mains libres et possédée par ses cultivateurs. Ce fut, au contraire, une erreur regrettable de la *Société démocratique* d'identifier la démocratie avec la république, et, au moment où elle aspirait surtout à modifier le fond de la société, de prendre une espèce particulière d'institutions politiques pour une formule absolue de progrès social. Séduite par les déclamations des amis les plus violents, sinon les plus éclairés, qu'elle eût dans l'exil, elle adopta les arguments des partis extrêmes contre la royauté constitutionnelle et contre les classes moyennes : elle perdit ainsi une portion de ses forces, elle perdit des sympathies dont le concours lui aurait été précieux, pour la vaine satisfaction de promulguer des théories dont rien n'était encore applicable. Les *démocrates* l'avouaient eux-mêmes, puisqu'ils ne pouvaient, dans leurs plans, arriver en Pologne à cette république idéale sans passer un temps indéterminé sous le régime de la dictature. Était-ce donc la peine de tant batailler pour savoir si la Pologne serait ou ne serait pas monarchique ?

Ils devaient d'ailleurs tomber dans une contradiction toute semblable au sujet du troisième article de leur catéchisme révolutionnaire. Ils avaient sans doute raison quand ils professaient que la Pologne déchue par elle-même devait se relever à elle seule, quand ils ne voulaient compter pour sa résurrection ni sur la mésintelligence des gouvernements, ni sur la sympathie des peuples, quand ils déclaraient avec une noble énergie, avec une claire conscience de la vérité, que l'initiative d'une émancipation nationale n'appartient jamais qu'à la nation opprimée ; mais ils avaient tort d'imaginer qu'ils pourraient, en frappant du pied, faire lever tout de suite vingt millions d'âmes, et, s'ils voyaient juste en ne se fiant pas trop aux leurres de la diplomatie, ils s'égaraient dans un rêve chimérique en supposant qu'ils allaient, pour entrée de jeu, lutter corps à corps avec trois grandes puissances. Aussi Mieroslawski déclara-t-il devant la haute cour de Berlin que le comité de centralisation avait, en 1845, *suspendu le programme des limites de 1772, pour cause d'absolue nécessité.* Le comité de 1845 avait compris qu'il fallait *réduire et concentrer la résultante de toutes les forces de la Pologne insurgée sur deux, et, s'il était possible, sur une seule des trois puissances co-partageantes.* Le troisième article des manifestes primitifs de la *Société démocratique* était donc abrogé, de même que le second, par le cours même, par la nature seule des événements, aussitôt que des événements quelconques se seraient produits.

Restait, encore une fois, restait le premier, et celui-là ne pouvait que s'éclaircir, se développer davantage à la pratique, parce qu'il était conforme à tous les besoins. C'est aussi celui-là qui mérite les explications les plus amples, parce qu'il représente l'effort le plus caractéristique et le plus heureux de la *Société démocratique polonaise.*

Ces explications ne sont nulle part aussi complètes que dans l'œuvre récente de Louis Mieroslawski, une œuvre remarquable et singulière, où l'on sent d'un bout à l'autre le souffle véhément d'une grande âme, tout en s'étonnant de voir çà et là cette sincère éloquence interrompue et comme pailletée par des traits de bel esprit. Je veux laisser, autant que possible, cet héroïque avocat de la cause démocratique défendre lui-même ce que cette cause a de plus propre, non point la constitution républicaine, dont il ne parle pas, non point le rétablissement de la Pologne dans les limites de 1772, dont il écarte jusqu'à la pensée, non point tous ces accessoires désastreux de la révolution, mais la révolution elle-même, c'est-à-dire la réforme de la propriété aboutissant à l'égalité des droits et à l'indépendance de l'état. J'insiste d'autant plus sur ce curieux plaidoyer qu'il ne m'a point semblé qu'on y ait fait encore une attention suffisante. J'emprunte le texte même de Mieroslawski dans ses plus notables endroits, resserrant seulement un peu, pour notre usage, la chaîne de ses déductions.

« Tout écolier sait aujourd'hui qu'il n'y a jamais eu de race conquérante en Pologne. La noblesse n'y fut donc longtemps qu'une élite mobile et changeante de la race indigène… Une coutume immémoriale, d'ailleurs sans contrôle, gratifiait de noblesse quiconque savait signer son nom et lire dans un livre de prières. Il y a même de vastes contrées sur les deux rives du Bug et de la Narew, ainsi que dans les provinces méridionales, où le plus pauvre et le plus ignorant laboureur se prétend encore l'égal d'un woiewode, sur la foi des traditions nationales… Cette fameuse noblesse de Pologne, régnant et gouvernant en masse, n'était donc en soi que la portion émancipée de la totalité nationale, une vraie démocratie… Jusqu'au second roi électif, Étienne Batory, le cercle de cette noblesse, c'est-à-dire des citoyens, s'était sans cesse étendu, puisant dans les rangs du peuple par le canal de l'armée ; mais, sous son successeur, Sigismond III, cette émancipation s'arrêta, et, comme les citoyens s'étaient accoutumés à ne se croire faits que pour les délibérations et pour la guerre, ils rejetèrent toutes les charges du travail sur la multitude encore non émancipée. C'est le sort qui eût frappé les plébéiens de Rome, si la guerre n'avait pas fourni des esclaves aux Romains. Plus la croissance de la cité polonaise (s'il est permis d'appliquer ce mot à une république tout agricole et militaire) avait été précoce et exagérée au milieu de l'Europe encore toute féodale et monarchique, plus sa séparation du peuple devint complète. Dès-lors ce peuple s'abrutit dans sa servitude, et la noblesse se consuma dans sa licence et ses privilèges. Cette braise, qui ne se renouvelait plus à aucun foyer vierge, tomba en cendres et laissa consumer l'état. Nous savons ce qu'elle est aujourd'hui. Où donc prendre maintenant de nouveaux citoyens, sinon en ouvrant tout large le vaste réservoir d'où sont sortis les anciens ?…

« Nous ne croyons pas, disent certains publicistes français et allemands, à une démocratie qui vient d'en haut ; vous ne nous persuaderez jamais que vos propriétaires ourdissent tout exprès des révolutions pour doter leurs fermiers, ni que vos nobles se fassent exiler, pendre et massacrer depuis quinze ans, pour rendre citoyens des paysans qui ne veulent pas l'être. — Oui, si la société polonaise avait poursuivi le cours normal de ses développements depuis le 3 mai 1791, ce ne seraient probablement pas les propriétaires et la noblesse, ce serait le peuple qui réclamerait la démocratie et les lois agraires ; les différentes classes auraient pu se constituer en puissances séparées et rivales ; le peuple cherchant la fortune pour son propre compte, les privilégiés ne la lui auraient cédée qu'à leur corps défendant ; mais ç'a été le bienfait chèrement payé de la conquête étrangère d'avoir rendu l'égoïsme des classes aussi absurde en Pologne qu'il parait rationnel en Occident... La conquête a privé les classes éclairées de tout ce qui leur fournit en France, en Allemagne et en Angleterre, des intérêts, des passions distincts des passions et des intérêts du peuple. On a ôté au corps de la noblesse toute signification militaire et politique ; tant mieux, cela fait que la noblesse ne peut plus employer ses lumières à défendre ses privilèges contre le peuple, mais à s'associer ce dernier dans ses tentatives révolutionnaires. La petite propriété foncière est devenue impossible, la moyenne ruineuse, avilissante et plus périlleuse que toute révolution ; tant mieux encore, cela fait que les propriétaires, ne pouvant plus être jaloux vis-à-vis des paysans de leur droit de propriété, les convient au contraire à en partager les chances... Aujourd'hui que la supériorité morale et intellectuelle de la noblesse ne lui sert absolument qu'à mieux sentir les humiliations de la patrie, à côté d'un peuple incapable de les comprendre, quel autre parti peut-elle tirer de son intelligence, sinon d'en illuminer ces masses froides et obscures sans l'appui desquelles elle ne peut rien ni pour soi ni pour elles ? »

Mieroslawski revient sans cesse à cette conclusion, qu'il faut que le propriétaire se résigne à démembrer sa propriété, qu'il faut donner au paysan cultivateur la pleine possession du champ qu'on lui a jusqu'ici prêté pour le faire vivre et l'entretenir en état comme on entretient un instrument d'exploitation. Telle est en effet la situation normale, non point de la Pologne prussienne, où le paysan est propriétaire depuis 1821, mais encore aujourd'hui de la Pologne autrichienne et russe. La terre entière du village est le domaine du seigneur ; celui-ci seulement en laisse aux paysans une portion à part dont ils recueillent les fruits pour leur compte, à la charge de cultiver en corvées la portion que le seigneur lui-même se réserve pour son revenu propre. Dans l'exagération nécessaire de toute doctrine qui fait sa trouée, les démocrates entendaient doter immédiatement les chaumières sans indemniser les châteaux. Dominés par l'ardeur avec laquelle ils poussaient leur principe, ils ne se préoccupaient ni des difficultés pratiques ni des moyens d'exécution. Les principes n'entreraient jamais nulle part s'ils n'étaient d'abord ainsi chassés comme un coin par un marteau ; en Pologne pas plus qu'ailleurs, les modérés ne doivent manquer pour accommoder ensuite les principes aux réalités, pour appliquer les moyens termes. En Pologne au contraire plus qu'ailleurs, la tâche des modérés sera facile ; car cette théorie de dépossession n'est pas là du moins une vague théorie socialiste, ce n'est pas même le fruit ardent de quelque enthousiasme pareil à celui qui dépouilla la noblesse française dans la nuit du 4 août ; c'est un calcul de nécessité.

« Le propriétaire veut partager son capital avec le travailleur parce que les conditions auxquelles la conquête étrangère le laisse posséder les ruinent et les avilissent tous les deux au profit unique de l'étranger, lequel ne peut gouverner qu'une nation ruinée et avilie. Le tiers des terres possédées aujourd'hui rapporterait le double de ce qu'elles produisent tout entières si elles étaient réparties entre des propriétaires libres… Gratifier la population des campagnes d'une dotation foncière, c'est tout bonnement une application urgente de la faculté dont jouit le plus rigide égoïste de donner à la vache le foin qu'il ne peut pas manger lui-même, afin d'en obtenir du lait. »

Voilà pourtant à quoi se rapportait cette accusation de communisme sous laquelle on a tenté d'ensevelir les efforts de la Société démocratique en les calomniant ! Il y a des choses qui sont d'autant moins dangereuses par elles-mêmes, que le nom seul en devient tout de suite un épouvantail ; le vrai danger qu'ont réellement ces choses-là, c'est que leur nom sert toujours aux desseins particuliers de ceux qui font semblant d'en avoir peur. C'est peut-être la Russie qui s'est montrée le plus effrayée depuis dix ans de ce grand mot de communisme, pour ses voisins assurément et non point pour elle ; pure charité russe ! Maintenant qu'il est de mode chez nous de s'alarmer aussi beaucoup du même fantôme, n'oublions pas trop d'où nous arrive le goût de ces alarmes suspectes. « Ce mot de communisme, disait Mieroslawski devant ses juges avec l'étrangeté poétique de son langage, c'est un prétexte de pâture pour le sphinx qui garde le tombeau de la Pologne. » La Société démocratique polonaise est toujours en effet restée complètement étrangère aux prédications communistes de la France et de l'Allemagne ; elle a expressément écrit dans son catéchisme que le droit de propriété était inhérent au travail dont il découlait ; elle a basé sa propagande sur la diffusion de la propriété individuelle, et non point sur la fusion de toutes les propriétés. S'il y a péril quelconque de communisme au bout d'une révolution qui soulèverait les masses, c'est à la condition que les masses se composent de citoyens déshérités. Or, justement, et Mieroslawski l'a senti à merveille, la révolution polonaise ne se ferait qu'en dotant individuellement les déshérités, dont l'oppression autrichienne ou moscovite soigne et conserve la misère.

« En Pologne, l'émancipation du peuple est l'exact synonyme de sa participation à la propriété foncière, parce que dans un pays sans industrie, mais d'une étendue et d'une fertilité surabondantes, c'est le seul mode de salaire connu et possible. En Occident, c'est un *prolétaire* que toute révolution *déchaîne* ; en Pologne, ce serait un *propriétaire* qu'elle aurait à *former*.

Ces paroles sont précieuses parce qu'elles déterminent avec une invincible rigueur l'idéal auquel marchait la *Société démocratique*. Il y eut naturellement, comme dans tout travail secret, des furieux et des fous qui côtoyèrent cette œuvre de haute raison avec l'air de s'y associer. Il y eut même quelquefois un vague fâcheux dans certaines prédications d'universelle fraternité qui sortaient de la bouche des poètes ; mais le but direct, éminent, exclusif de ces révolutionnaires démocrates, c'était d'arriver à multiplier les pro-priétaires en obtenant du désistement des possesseurs actuels cette division du fonds national qui a créé la fortune de la France. Que si, maintenant, on les accusait de vouloir improviser, avec l'artifice d'une dotation en masse, un état de choses qui s'est réalisé chez nous si lentement à la suite des progrès économiques, ils avaient encore raison de dire qu'il ne s'agissait point de deux sociétés semblables ; qu'il n'y avait chez eux ni industrie ni commerce qui pussent renouveler progressivement l'ordre social ou souffrir en cas de changement trop brusque ; qu'ils étaient au contraire un peuple agricole dont on n'ébranlait point, dont on élargissait l'existence en l'intéressant tout entier dans l'exploitation rurale. Ils ne bouleversaient donc rien, ils conservaient.

Telle a été pendant quinze ans la propagande essentielle de la *Société démocratique polonaise*, et, sur ce point, objet suprême de ses espérances, elle a persévéré de manière à convaincre ou à dominer toutes les dissidences au sein de l'émigration. Elle a persévéré en luttant à la fois contre quatre partis qui s'efforçaient, ou de l'entraver, ou de la déborder : contre les aristocrates, qui repoussaient d'abord avec horreur ces réformes agraires dont le principe est aujourd'hui par eux généralement accepté ; contre les ultra-catholiques, qui auraient volontiers endormi les douleurs de la Pologne ; contre les purs républicains, qui s'indignaient qu'on prêchât si long-temps avant d'en appeler aux armes ; contre les furieux enfin, qui, pour armes, choisissaient le poignard et le poison. Dans cette chaude mêlée, obligés de soutenir leurs idées et leur conduite, non pas seulement vis-à-vis des oppresseurs de la patrie, mais en première ligne vis-à-vis de ceux qui, comme eux, prétendaient la défendre, les *démocrates* ont pu quelquefois confondre ensemble tous leurs adversaires, et, exagérant leurs représailles, traiter les plus respectables aussi mal que les plus odieux. Il faut le reconnaître et les plaindre de s'être emportés à de si amères violences. Ces injustices réciproques des partis ont été le fléau de la Pologne émigrée, comme elles avaient de tout temps été la ruine de la patrie polonaise ; pas un parti cependant ne s'est donné de torts aussi cruels que ne l'ont fait les *démocrates* en attaquant le prince Czartoryski. C'est là le grand reproche qui doit peser sur leur conscience, et j'écris cette mauvaise note à leur compte avec la même sincérité que j'ai mise à relever leurs mérites.

Le prince Adam Czartoryski a commencé sa vie en combattant à côté de Kosciuszko sur les champs de bataille de la guerre d'indépendance ; il la voit aujourd'hui finir sur la terre de l'exil. Dans cette vie si longue, entre ces deux époques également glorieuses, également douloureuses, séparées l'une de l'autre par plus de cinquante années, il n'y a jamais eu de place que pour des sentiments généreux, que pour des pensées de patriotisme. Tous les devoirs qu'il a remplis, le prince Czartoryski les a remplis, sans doute, avec les aptitudes particulières de son esprit et de son éducation. L'on peut apprécier différemment tel ou tel de ses actes ; mais il n'est point permis d'oublier la pureté de ses intentions et la noblesse de son caractère. Il n'est point permis d'oublier que, s'il fut l'ami d'Alexandre, cette amitié n'eut plus pour lui de charme le jour où il désespéra d'en tirer le bien de la Pologne ; que, s'il fut au service russe, il le quitta sans pensions et sans honneurs, sans autre dignité que la croix polonaise de l'Aigle-Blanc. Il est encore moins permis d'oublier les six ans qu'il passa dans la Lithuanie, de 1815 à 1821, six années de bienfaits, pendant lesquelles il consacra des sommes énormes à multiplier les écoles nationales jusque dans les moindres villages, retardant ainsi d'un siècle la *russification* de la province, comme s'en plaignait alors l'inquisiteur Nowosilzow. Qui ne sait enfin le dévouement avec lequel, en 1831, il risqua sa tête et sacrifia sa fortune, dévouement que les *démocrates* eux-mêmes devaient trouver encore tout prêt en 1846 ?

Les *démocrates* ont pourtant oublié tout cela, quand ils ont sans pudeur jeté l'injure aux cheveux blancs de l'illustre vieillard, quand ils ont eu le cœur de proclamer « ennemi de la patrie » l'homme qui lui avait donné sa vie tout entière. C'était, à vrai dire, dans l'entraînement de leurs débuts, lorsque la *Société* se formait sous l'influence du livre de Mochnacki. Mochnacki recommandait en vain la concorde ; en vain dans son second volume il défendait contre ses amis le chef du parti qui l'avait autrefois à Varsovie flétri comme espion russe ; en vain il suppliait les nouveaux propagandistes de ménager l'aristocratie par égard pour ses exploits passés et pour ses ressources présentes. La tendance des doctrines de Mochnacki était plus forte que l'autorité de ses conseils. Il avait montré que la Pologne succombait victime d'un mal social dont l'aristocratie était la cause et recueillait le bénéfice. Instituée pour extirper le mal, la *Société démocratique* s'en prenait quand même aux aristocrates, les poursuivait de ses plus véhémentes invectives, s'attachait à les perdre dans l'opinion nationale, à les déshonorer devant l'Europe, et voilà comme elle en vint à cette inique publication qu'elle intitula : *Manifeste du peuple polonais contre Adam Czartoryski, représentant de l'aristocratie polonaise.*

Qu'est-ce donc que nous devons entendre sous ce nom d'aristocratie polonaise, lorsque nous voyons que ceux qui la maltraitaient si fort pour la plupart étaient eux-mêmes des gentilshommes ? Aujourd'hui la grande majorité des propriétaires polonais comprend l'absolue nécessité de régulariser au plus tôt la position des paysans et de donner aux populations rurales une meilleure assiette sur le sol. L'abolition du servage ne fait plus question pour personne, et l'on en est partout à chercher les moyens les plus sûrs d'abaisser au niveau de toutes les classes le droit et la faculté de posséder la terre. Mais, lorsque les *démocrates* osèrent d'abord proclamer l'urgence de cette révolution territoriale, émettant le principe dans toute sa rigueur, sans s'inquiéter beaucoup des voies et moyens ; lorsqu'ils parlèrent tout de suite de dépossession sans garantir d'indemnités, on commença par crier contre eux au brigandage et au communisme. Les seigneurs n'étaient encore assez éclairés ni par les préceptes économiques, ni par la dure leçon des événements, pour aviser à pratiquer dans la mesure du possible le dogme absolu des *démocrates* ; ils ne voyaient pas que l'apparente réduction de leur fonds patrimonial pourrait en somme se compenser soit par l'accroissement du revenu, soit par le bénéfice d'une meilleure situation sociale. Ces appréhensions trop naturelles constituaient vis-à-vis de la propagande une force d'inertie qui lui barrait le chemin en se concentrant plus particulièrement encore dans un certain nombre de grandes familles.

Ces grandes familles, propriétaires de domaines considérables répandus à la surface de la Pologne sous les différentes dominations qui se la partagent, agréées auprès des cours, investies de hautes dignités, assurées, quelles que fussent les circonstances, de véritables positions princières, ces familles privilégiées ne pouvaient se résigner à penser que, pour être Polonais, il fallût, comme le dit Mieroslawski, « dévouer entièrement ses traditions domestiques, ses biens et sa vie aux dieux infernaux de l'insurrection. » Elles ne se trouvaient jamais absolument mal du régime de l'étranger, parce qu'étant sujettes de plusieurs puissances, elles n'étaient ainsi trop durement froissées par aucune. « Ces gros mangeurs de rentes, dit encore Mieroslawski, possèdent deux rateliers de rechange pour les manger en paix : l'un en Gallicie, pour quand il pleut dans la Poznanie- l'autre en Poznanie, pour quand il vente en Gallicie : ils ne sont donc jamais réduits à l'extrémité de rétablir une Pologne indépendante et démocratique pour vivre libres ou mourir en honnêtes gens. » Ce que Mieroslawski n'a pas dit, ce que la passion l'empêchait de reconnaître, c'est que plusieurs parmi ces opulents magnats, réellement animés d'intentions droites et généreuses, exerçant une action protectrice dans l'étendue de leurs terres vastes comme des *estates* irlandais, peuvent se sentir ainsi honorés et contens du bien réel qu'ils font autour d'eux. Il suffit de citer les noms universellement respectés des Radziwill en Posen et des Sapieha en Gallicie. Il est juste seulement d'ajouter, pour excuser les emportements des *démocrates*, qu'il faudrait citer bien d'autres noms si l'on voulait compter tous ces grands seigneurs sans tête et sans cœur, ceux surtout de la Gallicie qui, jusqu'aux dernières années, allaient périodiquement dévorer à Vienne, en compagnie d'une danseuse, le sang et les larmes de trois villages, ou jouer les villages eux-mêmes à Carlsbad sur le tapis vert d'un casino ; s'il fallait aussi compter tous ces nobles fainéants qui passaient le temps dans leurs châteaux à feuilleter le *Blason* de Niesiecki, à méditer sur M. Paul de Kock, à battre leurs paysans et à soigner leurs écuries.

On ne saurait mieux se figurer cette lutte acharnée des *démocrates* et des aristocrates qu'en lisant l'une après l'autre la lettre du gentilhomme de Gallicie au prince de Metternich et la réponse virulente sortie de la prison de Mieroslawski. *Le débat entre la révolution et la contre-révolution*, ce n'est pas autre chose que la lutte de ces deux partis dont chacun prétend avoir pour lui la majorité de la noblesse. Écoutez l'anonyme de Gallicie. Les *démocrates* ne sont que « le parti du désordre social, le rebut de toutes les classes, de mauvais prêtres, de la noblesse de surface, des intendants infidèles, d'anciens sous-officiers, de jeunes démagogues, des propriétaires ruinés, des fermiers endettés, de la valetaille, des communistes. » Interrogez, au contraire, la réponse de Mieroslawski. « La majorité de la noblesse veut se retremper dans les masses populaires d'où sortaient ses ancêtres ; elle a vu que son seul avenir possible était de se fondre dans la mine profonde, inépuisable et encore inexploitée des masses agricoles ; elle travaille depuis des années à se laver de ses péchés séculaires, mais qu'est-ce que des années contre des siècles ? Et cependant elle s'est mise au service de Kosciuszko pour armer avec lui les paysans ; elle a secondé les intentions de Napoléon, qui leur donnait la liberté civile dans le grand-duché de Varsovie, celles de la Prusse, qui leur donnait, en Posen, le droit de propriété. Elle a osé davantage, elle a aidé les *démocrates*, elle a consenti d'avance aux sacrifices qu'exigeaient leurs doctrines ; elle leur a fourni d'héroïques champions. » Et Mieroslawski continue avec une énergie croissante à revendiquer pour son drapeau toute cette glorieuse élite.

« Nous ferions tous comme Louis Mycielski, s'écrient les aristocrates, mais redonnez-nous les guerres de 1794, celles de l'empire ou celles de 1831. — Ils ont compris l'indignité de ce sophisme, ceux qui, porteurs d'un nom illustre, ont soutenu pendant quinze ans, sans se débander, la retraite par laquelle les *démocrates* ont couvert la défaite des *constitutionnels* de 1831. Ceux qui ont sérieusement choisi entre la patrie et l'étranger prennent la guerre comme elle vient. Tout est guerre dans l'histoire d'une nation asservie qui résiste à l'anéantissement. La propagande et les conjurations sont aux campagnes insurrectionnelles ce que, dans une campagne ouverte, les évolutions stratégiques sont aux sièges ou aux batailles. Dans une guerre nationale, un parti qui, pendant quinze ans, couvre la retraite de la nation vaut bien un régiment qui, pendant vingt-quatre heures, couvre la retraite de l'armée, et, mort pour mort de gentilhomme, le gibet de Zawisza égale parfaitement les biscaïens qui ont déchiré Mycielski. Ils ont compris que toutes les armes se valaient, ceux qui ont jeté leur blason dans le ruisseau populaire pour que le *knouteur* seul pût deviner à la blancheur de leur peau qu'ils n'étaient pas nés à la charrue ! Et ceux donc qui ont enseveli l'éclat de leur origine sous des sobriquets de juifs et de laquais pour s'éteindre avec les secrets de la nation dans les oubliettes du Tyrol et de la Transylvanie ! la démocratie, moins curieuse que le *knouteur*, n'a point regardé à leur peau, mais à leur cœur, pour les adopter. La patrie, moins curieuse que l'aristocratie, n'a point regardé à leur arme, mais à l'emploi qu'ils en ont fait, pour les placer dans son martyrologe. Fantassins ou journalistes, cavaliers ou émissaires, artilleurs ou conjurés, mineurs ou plongeurs, ils sont tous morts soldats de la révolution. Nul ne manquera pour sûr à l'appel du jugement dernier, quand le Christ demandera aux hommes ce que chacun a fait de ses frères. »

La raison, la vérité, sont, à n'en pas douter, du côté de ces affirmations éloquentes. Je crois, je veux croire, avec Mieroslawski, que la grande majorité de la noblesse polonaise appartient sans réserve à la cause démocratique ; je regrette seulement que le fier prisonnier de Berlin n'ait pu s'empêcher de rendre injures pour injures aux aristocrates, et ces violentes représailles qu'il leur inflige sentent par trop l'amertume de la captivité. Qu'est-ce que l'aristocratie polonaise dans cet ardent réquisitoire ? « Une centaine de familles, héritières de ces perfides oligarques qui, au dernier siècle, ont aidé les puissances à démembrer la patrie, qui ont vendu les tombeaux de leurs pères pour troquer leurs dignités viagères de woïewodes ou de castellans contre des titres perpétuels de comtes ou de barons, qui se sont interposés, moyennant salaire, entre la nation et l'étranger, pour garantir que l'ours qu'ils avaient livré ne mordrait jamais plus ; — des familles de chambellans qui s'imaginent qu'on peut être un corps respectable dans une société à laquelle les Cosaques du Don et les douaniers autrichiens crachent deux fois par jour à la figure ; — des familles qui n'ont de polonais que la laine qu'ils tondent sur des moutons polonais et les armoiries gagnées jadis par de véritables Polonais ; — des familles ambulantes qui ont du bien dans les trois Polognes et qui n'ont de devoirs dans aucune, qui, toujours affamées, voudraient toujours, pour se rassasier, attacher le paysan à la glèbe, sauf à cacher leur cupidité, comme l'anonyme gallicien, derrière la fausse sentimentalité du goût qu'elles affichent pour la vie patriarcale, » J'ai dit dans quelle mesure et sous quelle réserve il fallait accepter des jugements si passionnés. Je ne saurais cependant résister à l'envie de citer encore ces pages entraînantes du pamphlet de Mieroslawski : l'homme est là tout entier. C'est la thèse de Marius dans Salluste : *Majorum gloria posteris lumen est.*

« … Voilà les comtes d'une province qui, à elle seule, a produit les deux tiers des illustrations de la république. C'est, en effet, de cette Halitzie ou Russie-Rouge, aujourd'hui livrée aux Ajax du bagne, qu'ont jailli coup sur coup pendant deux siècles, comme d'une fournaise incandescente, toutes ces flammes mortelles aux Moscovites, aux Tartares, aux Turcs, qui s'appelaient Tarnowski, Zolkiewski, Jablonowski, Lubomirski, Sobiewski. Ah ! vous aussi, hommes aux colères héroïques, vous étiez durs au peuple qui grouillait à cent coudées au-dessous de votre galop triomphal, mais du moins couriez-vous l'arracher des mains des infidèles, fût-il déjà en vente dans les bazars d'Andrinople. Vous avez crevé sous vous la république comme un cheval de bataille ; mais elle n'a jamais regimbé sous votre éperon, parce qu'elle savait que c'était pour enfoncer l'Asie avec son poitrail.

« … Très illustres et puissants woïewodes, castellans et starostes, grands et petits hetmans, régimentaires et maréchaux, primats et chanceliers, vous tous enfin, maçons cyclopéens de la république oligarchique, qui avez arrêté court la croissance du cercle civique pour pouvoir vous servir des masses populaires en guise de briques et de mortier, ce que vous avez construit n'était plus une démocratie, il s'en faut ; mais enfin, c'était imposant, magnifique et surtout rudement gardé ! Descendez, s'il vous plaît, de votre empyrée et voyez un peu ce qu'est devenu tout cela… Vous nous eussiez peut-être pendus, nous autres démocrates, entre le Cosaque Nalewajka et n'importe quel Tartare ; mais vous eussiez préféré vous y pendre vous-mêmes, plutôt que de vous faire les chambellans d'un empereur d'Allemagne ou les écuyers d'un tsar de Moscou. Aussi bien, ce n'est pas vous, oligarques par la force, le courage et l'orgueil national, ce n'est pas vous, patriotes à la façon des patriciens de Rome et des tories d'Angleterre, qui, d'une main, charbonneriez des injures sur les portes de nos prisons, et, de l'autre, entameriez une guerre de brochures avec le prince de Metternich, le tout pour fléchir la miséricorde de l'empereur Nicolas… Pères de la république, tout aristocrates que vous fûtes, jugez entre l'aristocratie et la démocratie polonaise au XIXe siècle ! »

À côté de cette bataille enragée que la *Société démocratique* livrait aux aristocrates, ce n'était plus grand'chose, au premier abord, que le tiraillement perpétuel des trois autres partis qui lui disputaient sa route, le triple assaut des ultra-catholiques, des républicains purs et des furieux. Les premiers cependant lui soutiraient les âmes avec un art infini, et les autres, par leur déplorable impatience, l'obligèrent malheureusement à passer avant le temps de la propagande aux complots cette précipitation pernicieuse que Mochnacki nommait un crime fut imposée à la *Société démocratique* par des dissidents qui, malgré elle, se portaient ses auxiliaires.

L'influence proprement catholique se développa très naturellement dans l'émigration. Soumise, par son séjour en France, aux vicissitudes de la pensée française, l'émigration polonaise eut son parti catholique comme nous avons le nôtre. L'esprit jésuitique s'empara fort adroitement de cette *religiosité* vague qui séduisait les cœurs des exilés après la ruine de leur patrie, comme elle en séduisit tant chez nous après les rudes froissements qui vinrent déconcerter toutes les exaltations de 1830. De là, on arriva bientôt à dire que la Pologne, étant une terre catholique, ne pouvait être sauvée que par le catholicisme, infaillible argument de toutes les religions qui tournent à la politique. On prouva très sérieusement que, si la Pologne avait été démembrée, c'était la faute de Voltaire, et certains aristocrates oublièrent les abus de la vieille tyrannie seigneuriale pour ne plus reprocher à leurs pères que d'avoir été, au XVIIIe siècle, des philosophes et des incrédules. Un ordre fondé à Paris, et dont les statuts se trouvèrent par hasard presque littéralement semblables à ceux des jésuites, prit en main la direction de tout ce côté des affaires polonaises ; il les conduit encore avec une dextérité incontestable et ne laisse point admettre qu'il y ait de patriotisme efficace sans la haute dévotion. J'admire et j'aime la devise que le comte Balbo propose à l'Italie : L'indépendance pour but et la vertu pour chemin ! Aux peuples opprimés, il faut souhaiter toutes les vertus comme antidote de la servitude, toutes, excepté la vertu trop chrétienne de la résignation mystique. Ce n'est point tirer un peuple d'esclavage que de changer sa prison en couvent. L'ascétisme est la tombe où s'endorment les douleurs nationales ; ce n'est point le berceau des résurrections. Si la providence se plaît aux prières humaines, est-il donc une plus chaude prière que le sang des martyrs ? Voilà comme raisonnait la démocratie polonaise quand elle combattit si vivement la réaction ultra-catholique dont le flot la gagnait. — Ce n'est point la Pologne, disait-elle aux plus habiles représentants de cette réaction, ce n'est point la Pologne qui est votre patrie, c'est Rome ; si vous faisiez la guerre, ce ne serait point une guerre de liberté, ce serait une guerre de religion, un attentat contre notre siècle et notre cause. Mais cette guerre même, voulez-vous la faire, vous que l'Autriche accueille pour vous confier l'éducation de la jeunesse polonaise ! vous dont le zèle schismatique des convertisseurs russes ne redoute pas cependant les doctrines, parce qu'elles sont avant tout des doctrines d'obéissance ! vous qui avez été les protégés et les hôtes de la grande Catherine ! vous enfin qui étendez à toutes choses l'autorité du Saint-Siège quand un pape s'est trouvé pour écrire à Marie-Thérèse que l'invasion de la Pologne était « dans l'intérêt de la religion, » quand un autre a pu jeter l'anathème aux insurgés de 1831 !

Vis-à-vis de Lelewel et des républicains, vis-à-vis de certains exaltés qui ne gardaient de mesure ni dans l'ardeur, ni dans le choix de leurs vengeances, il fallait lutter en sens contraire. Lelewel imaginait que l'émigration pouvait travailler activement et directement à l'œuvre matérielle de la délivrance ; ce qui distinguait son parti des *démocrates*, c'était le besoin d'en venir tout de suite aux mains, l'ennui des prédications dogmatiques. Les *démocrates* n'avaient foi qu'à cette lente prédication. Mieroslawski le dit bien à sa manière, toujours un peu étrange.

« Qu'est-ce que toute initiative révolutionnaire au XIXe siècle ? Ce n'est plus un messie créateur, une incarnation humanitaire comme aux temps héroïques. Dieu n'envoie plus de sauveurs particuliers et tout faits aux nations, mais seulement des matrices appelées idées. C'est aux nations à couler dans ces moules la quantité de héros de plâtre qu'il leur faut pour chaque révolution. Ce n'est ni solide, ni original comme une statue antique ; mais avec du plâtre, de l'attention et de la patience, on en a tant que l'on veut. Le tout, c'est de les cuire proprement au feu du canon. »

La *Société démocratique,* tout entière à ce travail d'idées, refusait à Lelewel lui-même de se fondre avec les partis d'idées contraires aux siennes pour agir plus tôt ; mais surtout elle condamnait et proscrivait cette fureur d'agir qui suggérait des plans horribles à toute une portion anarchique de l'émigration, et qui se créa petit à petit un foyer chez les communistes de Posen. De Posen, de Paris et de Bruxelles sortaient des brochures incendiaires : les *Vérités vitales du peuple polonais*, la *Guerre de partisans*, et une foule d'autres où l'on invoquait contre l'étranger le secours déshonorant du poignard ou du poison. Mieroslawski se distingua plus que personne par l'énergie avec laquelle il combattit ces abominables excès dont la vraie démocratie devait être la première à souffrir. Il ne cessa de protester contre cet absurde fanatisme qui « prenait le bandit pour l'idéal du guerrier. »

A partir de 1841, il devint cependant de plus en plus difficile aux démocrates de modérer la Pologne militante, de la contenir dans les préliminaires abstraits d'une longue propagande, d'ajourner enfin l'œuvre pratique et périlleuse d'une conjuration effective ; mais de 1832 à 1840, exclusivement occupée du soin de gagner les esprits, voulant surtout montrer la force pacifique de la persuasion, la *Société démocratique* avait déployé ou provoqué une activité intellectuelle dont aucune émigration n'a donné l'exemple. Traductions, *revues*, journaux, manuels, catéchismes, vinrent tomber ensemble de la Pologne de l'exil dans la Pologne de l'étranger pour y allumer, pour y entretenir le feu national, pour tourner ce feu purificateur et dévorant contre tout ce qui n'était pas association fraternelle, égalité des droits, amour désintéressé des masses populaires. Contre ces aristocrates, dont l'entêtement ou l'inertie neutralisaient leurs efforts, les *démocrates* polonais empruntèrent, sans toujours choisir, les armes que leur fournissait la démocratie la plus avancée en France, en Angleterre et en Allemagne. Ils se mirent au pied de toutes les tribunes d'où l'on parlait à tort ou à raison de l'oppression d'un peuple ou d'une classe, et plus l'orateur était violent, plus son éloquence leur semblait s'accommoder aux besoins de leur pays, si même elle ne répondait pas à l'état du sien. Obligés de frapper de grands coups sur cette terre endurcie qu'ils voulaient rendre au sentiment de la vie patriotique, ils prenaient les arguments de toutes mains, et ne s'amusaient pas à discerner les fausses notes. Ce fut ainsi qu'ils reproduisirent dans un pêle-mêle souvent bizarre les manifestes parlementaires du libéralisme constitutionnel de l'Allemagne, du radicalisme anglais, de l'extrême gauche française. Vers le même temps, ils publiaient en polonais les travaux de Bentham et de Rousseau sur la Pologne, *le Livre du Peuple* et les *Paroles d'un Croyant*, de M. Lamennais, les extraits de *la Démocratie en Amérique* de M. de Tocqueville, de *l'Histoire de dix ans* de M. Louis Blanc, des *Discours à la nation allemande* de Fichte. Enfin, lorsqu'éclata, chez nous, la guerre de pamphlets contre les jésuites, ils traduisirent et multiplièrent chez eux les livres de M. Michelet et de M. Quinet.

A côté de ces traductions ont paru simultanément trois recueils périodiques, édités aussi par la *Société* : la *Revue historique, le Démocrate polonais* et le *Pfzonka. La Revue historique*, composée de volumes détachés, a tiré des œuvres savantes de Schafarik, de Lelewel, de Maciejowicz, de sérieuses notices sur les institutions primitives des Polonais et des Slaves ; elle a rappelé la vie et les exploits des héros populaires ; elle a enregistré toutes les hontes de l'ancienne oligarchie. *Le Démocrate polonais* est un organe de polémique quotidienne. Le *Pfzonka*, Journal satirique, vieux souvenir de la joyeuse société de Babin au milieu des amertumes de l'exil,[1] le *Pfzonka* poursuivit l'aristocratie de ses mordantes épigrammes et signala tous ses péchés du jour, comme la *Revue historique* flétrissait ceux du passé. Enfin, le comité de centralisation avait distribué, sous forme de questions longuement expliquées, une espèce de catéchisme insurrectionnel que tout démocrate devait posséder. La première de ces questions montre la portée des autres Quelles sont les ressources intérieures du peuple polonais, au point de vue social et politique ?

Ce n'était pas seulement sur les livres, c'était sur les hommes que la *Société démocratique* fondait son espoir et sa force. Nulle association de ce genre-là n'a peut-être compté de cœurs plus fermes, de plus hauts caractères. Tout ce que je viens de redire, toute cette guerre incessante, tout cet invincible progrès, tout cela s'est accompli avec un nombre de personnes proportionnellement médiocre, avec des ressources d'argent plus que bornées, mais aussi, que la Pologne ne l'oublie pas, avec l'aide irrésistible d'un dévouement infini. Pendant que les *démocrates* réfugiés sur le sol étranger ga-

---

1 La société de Babin, qui tirait son nom d'un village du palatinat de Lublin, était une espèce de parodie politique organisée, un *charivari* en action. Les sociétaires décernaient publiquement des titres dérisoires aux fonctionnaires de l'état qui mécontentaient l'opinion, et ceux-ci appréhendaient toujours d'être inscrits d'office parmi les dignitaires de ce royaume des fous. Le fondateur de cet institut satirique et burlesque, qui date de 1548 et dura peu, s'appelait Przonka ou Pfzonka : son nom est resté populaire.

gnaient eux-mêmes leur vie, sans vouloir de subventions ni d'aumônes, sans se mêler aux affaires politiques du pays qui leur donnait l'hospitalité, l'âme uniquement tendue vers la Pologne, toujours à la disposition- du comité suprême de propagande, les *démocrates* envoyés comme émissaires sur le sol de la patrie jouaient leur tête en silence et mouraient ignorés au coin des bois, sous la neige, au fond des précipices, épuisés de froid ou de faim, frappés par la lance d'un Cosaque ou par la balle d'un gendarme.

Que tant de dévouement soit aujourd'hui perdu, c'est impossible à penser. La catastrophe de Posen et de Cracovie ne doit être considérée que comme un accident qui a prouvé la nécessité de la propagande intellectuelle, en démontrant l'inutilité des coups de main sanglants. La *Société démocratique* n'est point enfermée à Berlin, dans la prison de Mieroslawski ; elle n'a point rendu l'âme sur l'échafaud de Lemberg, avec Wisniowski et Kapuscinski. La *Société démocratique* est restée debout, malgré la chute de ces nobles victimes, et sans doute elle a recueilli les enseignements que lui apportait leur douloureuse destinée. Elle a compris qu'il fallait se rattacher plus étroitement aux anciennes leçons de Mochnacki, embrasser comme deux devoirs sauveurs la patience et la concorde. La patience lui viendra, car si jamais il a été clair qu'on ne peut nulle part se dispenser de s'accommoder à la lenteur des esprits et du temps, c'est après le démenti donné par les paysans de Posen et de la Gallicie aux espérances des patriotes. La concorde lui plaira, car si jamais il y a eu chance et nécessité de réconciliation entre tous les partis qui déchirent la Pologne, c'est après ce cruel désastre qui les a tous enveloppés.

La cause polonaise ne peut plus maintenant rester en proie à des factions ennemies ; elle ne peut plus se perdre dans des querelles intestines ; elle repose désormais sur un solide terrain d'où partent sans doute des opinions divergentes, mais qui du moins, pour toutes les divergences, est et demeure une base commune. Il faut des paysans propriétaires ; là-dessus, tout le monde s'accorde. Comment, à quel prix, par quels procédés, sous quelles garanties la propriété descendra-t-elle dans ces masses inertes pour les vivifier et les mobiliser, voilà le problème. Les *démocrates* ont à la longue inculqué le principe de cette investiture ; ils sauront accepter les conditions pratiques dans lesquelles on pourra le plus sûrement la réaliser. Ils ont sous les yeux l'exemple de Posen, où les paysans, devenus propriétaires sauf redevance en 1821, sont à même aujourd'hui de capitaliser la rente qu'ils paient et de se libérer complètement vis-à-vis de leurs anciens seigneurs. Aussi Posera fera-t-il beaucoup pour l'avenir de la Pologne ; les média-teurs naturels de tous les partis polonais sont à Posen. En dehors des agitations secrètes, en dehors des tentatives violentes, il y a là un groupe considérable d'hommes intelligents et modérés qui mé-nageront avec patience, mais avec foi, cette réconciliation si désirée des classes d'en bas et des classes d'en haut, cette union souveraine d'où renaîtrait un peuple. Ils n'ont pas été les complices, ils seront les inévitables auxiliaires, les continuateurs pacifiques des *démo-crates*.

ISBN : 978-1984175199